总策划　屈哨兵

总主编　余广大

汉字1234

（汉英对照）

主　编　韩丽丹

副主编　蔡晓英

编　者　吴　姿　梁　曼　田海丽　杨贺仙

　　　　薛飒飒　蔺凌好　李静娜　祁　辉

First Edition 2012

ISBN 978-7-119-07356-9

Published by Foreign Languages Press Co. Ltd
24 Baiwanzhuang Road, Beijing 100037, China
http://www.flp.com.cn E-mail: flp@cipg.org.cn
Distributed by China International Book Trading Corporation
35 Chegongzhuang Xilu, Beijing 100044, China
P.O. Box 399, Beijing, China
Printed in the People's Republic of China

目录

Table of Contents

说明
Instruction

《汉字1234》收录社会上及校园中的常用汉字，包括以下几种情形：

1 单独出现的单字、二字组合（如“女”、“停”、“出口”、“入口”）

2 常出现在较长字符串尾部的单字、二字组合（如“--路”、“--宾馆”）

3 其它三字组合、四字组合。它们都是外国人在华日常生活中随时可以看到的汉字。

This dictionary contains the common words often used in the society and at campus, including the following circumstances:

1 A single character or a word with two characters such as “女(female)”, “停(stop)”, “出口(exit)”, “入口(entrance)”;

2 A single character or a word with two characters used in the end of a long phrase such as “--路(--Road)”, “--宾馆(--Hotel)”;

3 Other words with three or four characters. These characters are those that can be often used and seen by foreigners in China in the daily life.

《汉字1234》按字数多少顺序排列，字数相同的，按字的平段多少排列，以此类推。“平段”指呈水平状的线段，如：

“三”，3个平段；“八”0个平段；“六”1个平段。10段归于0，超过10段归于1。各个条目的读音按音节标注，释义以其出现的语境中的特定意义为主。

This dictionary is ordered by the number of characters. If the number of characters is the same, the order is decided by the horizontal stroke number. For example,

the number of horizontal strokes of the characters “三”, “八” and “六” are 3, 0 and 1 respectively .10 horizontal strokes are encoded as 0, but if the number of horizontal strokes exceeds 10, the number 1 is used instead. The pronunciation of each item is marked by syllable, and the interpretation is mostly the specific meaning in the context.

《汉字1234》是不认识汉字的人上手就能使用的小字典，看到了几个字，就能在相应的位置上找到它的释文。多数字典，要求字典使用者有汉字知识，没有这些知识就不能使用。《汉字1234》只要知道字数多少、平段多少就行了。例如：

It can be used by everybody even those who don't know Chinese. When you have checked out how many characters a word has, you can find its interpretation in the corresponding position of the dictionary. Most dictionaries require the user to have the knowledge of Chinese characters. However,the knowledge of the number of characters and horizontal strokes can help you to use this dictionary smoothly. For example,

平段	例字
0	入 心 个
1	风 长 处 汉 水 修
2	口 刻 边 上 科 乡 雨
3	病 甲 用 图 主
4	越 孝 延 张 窄
5	室 课 圆 船 雷 控
6	街 短 谢
7	箍 懂 替 戴
8	谨 啡

"女"，只有1个平段，在1个字部分的"1"位置上可以找到释文；

女 female

this character has only 1 horizontal stroke, its interpretation can be found in the "1" position of one character part.

"停"，有5个平段，在1个字部分的"5"位置上可以找到释文；

停 stop

this character has 5 horizontal strokes, its interpretation can be found in the "5" position of one character part.

"路"，有7个平段，在1个字部分的"7"位置上可以找到释文；

路 road

this character has 7 horizontal strokes, its interpretation can be found in the "7" position of one character part.

"出口"，分别有2、2个平段，在2个字部分的"22"位置上可以找到释文；

出口 exit

these two characters have 2 horizontal strokes respectively, its interpretation can be found in the "22" position of two characters part.

"入口"，分别有0、2个平段，在2个字部分的"02"位置上可以找到释文；

入口 entrance

these two characters have 0 and 2 horizontal strokes respectively, its interpretation can be found in the "02" position of two characters part.

“宾馆”，分别有3、6个平段，在2个字部分的“36”位置上可以找到释文；

宾馆 hotel

these two characters have 3 and 6 horizontal strokes respectively, its interpretation can be found in the “36” position of two characters part.

“图书馆”，分别有3、2、6个平段，在3个字部分的“326”位置上可以找到释文；

图书馆 library

these three characters have 3, 2 and 6 horizontal strokes respectively, its interpretation can be found in the “326” position of three characters part.

“男厕所”，分别有4、2、3个平段，在3个字部分的“423”位置上可以找到释文；

男厕所 Men’s Room

these three characters have 4, 2 and 3 horizontal strokes respectively, its interpretation can be found in the “423” position of three characters part.

“请勿打扰”，分别有7、1、3、3个平段，在4个字部分的“7133”位置上可以找到释文；

请勿打扰 Don't disturb

these four characters have 7, 1, 3 and 3 horizontal strokes respectively, its interpretation can be found in the "7133" position of four characters part.

"此路不通"，分别有2、7、1、5个平段，在4个字部分的"2715"位置上可以找到释文。

此路不通 road closed

these four characters have 2, 7, 1 and 5 horizontal strokes respectively, its interpretation can be found in the "2715" position of four characters part.

《汉字1234》在每页的下方（地脚）留下了空白，供使用者随时增补。

This dictionary has left blank at the bottom of every page, for the users can supplement at any time.

0 八 bā

① 数字8 eight

② 第八 eighth

0 火 huǒ

提醒用火要小心

Be used to warn of the fire

Be aware of fire

0 静 jìng

请安静

Keep quiet

1 一 yī

① 数字1 one

② 第一 first

1 七 qī

① 数字7 seven

② 第七 seventh

1 九 jiǔ

① 数字9 nine

② 第九 nineth

1 十 shí

① 数字10 ten

② 第十 tenth

1 下 xià

向下，朝下

down

一字 One Character
二字 Two Characters
三字 Three Characters
四字 Four Characters

1 女 nǚ

表示女性才能进入的地方

Only women allowed

如：女人women/女性female

1 六 liù

① 数字6 six

② 第六 sixth

1 冷 lěng

温度低 cool, low temperature

如：冷水cold water/冷风cool wind

1 忍 rěn

提醒自己不要激动

to bear and endure

1 处 chù

用在最后，表示局级机关的下一级

department or office; be used at the end of a word indicating the agencies under the bureau-level.

如：教务处office of teaching affairs/保卫处security office

2 上 shàng

向上，朝上

up

2 二 èr

① 数字2 two

② 第二 second

2 中 zhōng

① 中间 middle

② 中学 middle school，十五中 The Fifteenth Middle School

2 四 sì

① 数字4 four

② 第四 fourth

2 北 běi

① 朝北的方向 north

② 北方的 northern

2 东 dōng

① 朝东的方向 east

② 东方的 eastern

2 市 shì

用在最后，表示城市名 city

如：广州市Guangzhou city/武汉市Wuhan city

2 厅 tīng

① 用在最后，表示娱乐休闲的地方 hall, large communal room. Be used at the end of a word indicating places of recreation and leisure.

如：歌厅/娱乐厅entertainment hall

② 用在最后，表示办公的地方 Be used at the end of a word indicating office space.

如：办公厅General Office/教育厅Department of Education

一字 One Character
二字 Two Characters
三字 Three Characters
四字 Four Characters

2 关 guān

表示没有使用，与“开”相对

closed; not being used; the antonym of “open”.

如：关门close the door/关灯turn off the light

2 开 kāi

表示正在使用，与“关”相对

open; being used; the antonym of “close”.

如：开门open the door

2 科 kē

用在最后，表示处内部划分出的组织，处的下一级 Be used at

the end of a word indicating an administrative division under the department level.

如：财务科finance section,financial branch /儿科 pediatrics

2 系 xì

用在最后，表示大学里按学科分出的单位 Department.Be used at the end of a word indicating the separation unit of the university according to disciplines.

如：中文系Chinese department/外语系English department

2 村 cūn

用在最后，表示村名 village

如：中关村Zhongguan Village

一字 One Character
二字 Two Characters
三字 Three Characters
四字 Four Characters

2 茶 chá

茶叶店或茶馆的标记 tea；teahouse

如：茶叶tea-leaf/茶具tea set

3 三 sān

① 数字3 three

② 第三 third

3 五 wǔ

① 数字5 five

② 第五 fifth

3 所 suǒ

用在最后，表示机关或单位办公的地方 office space of agencies or units

如：派出所 police station/医务所 medical clinic

3 西 xī

① 朝西的方向 west

② 西方的 western

3 右 yòu

右边

right

3 左 zuǒ

左边

left

一字 One Character
二字 Two Characters
三字 Three Characters
四字 Four Characters

3 台 tái

① 用在最后，表示电台

broadcasting station

② 电视台 TV station

3 当（當） dàng

当铺

pawnshop

3 拆 chāi

表示房子即将拆除

a building that is about to be dismantled/demolished

3 否 fǒu

错的；不是 no; not

如：否定 negative

3 热 rè

热的，提醒小心烫手

hot;a warning of not burning one’s hand

3 烟 yān

买卖烟的地方

places where cigarettes are sold

3 电 diàn

提醒注意不要触电 Be used to warn people of electricity.

Caution! Electricity!

4 拉 lā

pull

4 禄 lù

希望升官发财 official's salary in feudal China. Pray for success in one's career.

如：俸禄 official's salary

4 男 nán

男性才能进入的地方

Only men allowed.

如：男厕所 men's room

4 南 nán

朝南的方向 south;

南方的 southern

4 寿 shòu

希望长寿

long life; longevity

4 巷 xiàng

用在最后，表示较小的路名 lane; alley. Follow the name of lanes indicating lanes.

4 院 yuàn

① 院子 yard or courtyard

②用在最后，表示一些机构的名称 Be used at the end of a word indicating the name of some institutions.

如：研究院research college/设计院design institute

4 禁 jìn

① 不许，制止

prohibit; forbid; ban

如：禁烟 No smoking. / 禁停 Stop prohibited.

② 不能随便通行的地方

forbidden area

如：禁地/禁区forbidden area

4 酒 jiǔ

① 买卖酒的地方 wine shop

② 用在最后，表示酒名 wine; be used at the end of a word indicating the wine name.

如:啤酒beer/白酒liquor/葡萄酒grape wine

4 吧 bā

用在最后，表示有某一功能的活动场所或虚拟空间

bar，be used at the end of a

word indicating location of activity or virtual space.

如：酒吧pub/网吧Internet bar/聊吧chat room

4 店 diàn

用在最后，表示室内卖商品的地方

shop; store

如：鞋店shoe store/书店bookstore/咖啡店coffee shop/面包店bakery

4 室 shì

处的下一级 administrative division at a certain level under the department level

如：科室section/教室classroom

5	鸣 míng

提示拉响喇叭

remind of honking

5	是 shì

对的，同意

yes

5	里 lǐ

①（形）里面；里边的 in/inside

② 中国传统长度单位 Chinese traditional length unit，1li=500m.

5	药 yào

买卖药的地方

places where medicines are sold; pharmacy

5 局 jú

用在最后，表示办公或办理某些事务的单位名称，处的上一级 Be used at the end of a word meaning bureau or office at a upper level of a department.

如：邮局post office/教育局education office/公安局police office

5 停 tíng

to stop 如:禁停 No stopping.

6 街 jiē

① 道路 street ② 用在最后，表示路名 Be used at the end of a word indicating road names.

和平街Peace Street/友谊街Friendship Street

一字 One Character
二字 Two Characters
三字 Three Characters
四字 Four Characters

6 馆 guǎn

① 用在最后，表示某个地方 Be used at the end of a word indicating accommodations for guests or for travelers.

如：宾馆hotel/旅馆motel

②指使馆/大使馆/领事馆 embassy; consulate

③指某些服务性商店的名称 store

如：茶馆teahouse/餐馆restaurant/理发馆barber-shop.

④储藏、陈列文物或进行文化活动的场所 It also refers to places where cultural relics are displayed or cultural activities are hold.

如：文化馆Institution engaged in mass cultural work/展览馆exhibition building

6 慢 màn

请减慢速度 slow down

如：慢车道 slow lane

6 推 tuī

push

7 喜 xǐ

表示最近有婚事举行，也作囍 event or occasion for celebration, especially a wedding.

7 请 qǐng

welcome；please

如：请上楼Please go upstairs. /请留步Please don't bother to see me out.

一字 One Character
二字 Two Characters
三字 Three Characters
四字 Four Characters

7 福 fú

希望得到幸福 good fortune

如：幸福happiness/福气blessing

7 粥 zhōu

粥或卖粥的地方 porridge;places where porridge is sold

7 路 lù

① 道路 street

② 用在最后，表示路名 Be used at the end of a word indicating road names.

③ 用在数字后，表示公交路线 Be used after numbers indicating bus lines.

如：7路车 No.7 bus

00 火警 huǒjǐng

火灾警告

fire alarm

02 入口 rùkǒu

进口

entrance

02 警示 jǐngshì

警告

warning

02 警卫 jǐngwèi

警戒、保卫的人

security guard

一字 One Character
二字 Two Characters
三字 Three Characters
四字 Four Characters

03 靠右 kàoyòu

靠右边行走

walk by the right side of roads

03 靠左 kàozuǒ

靠左边行走

walk by the left side of roads

03 小学 xiǎoxué

primary school

如：第七小学

the seventh primary school

04 小吃 xiǎochī

价格较低的风味食品 snack

如：北京小吃Beijing snacks/成都小吃Chengdu snacks

04 警告 jǐnggào

警戒、通告事情 warning, caution

如：大风警告gale warning/暴雨警告rainstorm warning

05 警察 jǐngchá

policeman

如: 交通警察 traffic police

06 火锅 huǒguō

① 表示一种菜肴 chafing dish

② 提供火锅的餐馆 restaurants that provide hot pot food

10 交警 jiāojǐng

交通警察

traffic police

一字 One Character
二字 Two Characters
三字 Three Characters
四字 Four Characters

11 外办 wàibàn

办理与外国有关事务的机构

international office in certain unit or company; agency which deals with foreign-related matters

12 冷饮 lěngyǐn

① 清凉饮料 cold drink

② 提供清凉饮料的地方

shops that provide soft drinks

12 今天 jīntiān

所在的这一天 today

12 下午 xiàwǔ

白天的下半天

afternoon

12 大巴 dàbā

① 大型巴士 bus

② 机场大巴 airport bus

13 公厕 gōngcè

public toilet

13 大学 dàxué

高等学校 university

如：广州大学 Guangzhou University/

清华大学 Tsinghua University

13 女装 nǚzhuāng

女式服装 women's wear

13 诊所 zhěnsuǒ

小规模的医疗中心 clinic

14 仓库 cāngkù

存放物品的库房

warehouse

14 公司 gōngsī

company

如：航空公司airline company/进出口公司the import and export company

14 公园 gōngyuán

公众的园林

park

如：街心公园garden in the city center/中山公园Zhongshan Park/滨江公园Riverside Park

14 广场 guǎngchǎng

宽阔的场地 square

如：人民广场People's Square/天安门广场Tian'anmen Square

14 花店 huādiàn

卖花的商店

flower shop

14 收费 shōufèi

① to collect fees

② 可以缴纳费用的窗口

places where fees are collected

14 水果 shuǐguǒ

① fruit

② 卖水果的地方

places where fruits are sold

一字 One Character
二字 Two Characters
三字 Three Characters
四字 Four Characters

14 网吧 wǎngbā

Internet bar

15 彩票 cǎipiào

lottery ticket

15 礼堂 lǐtáng

举行典礼等的厅堂

assembly hall; auditorium

15 诊室 zhěnshì

医生诊治病人的地方 consultation room; places where patients are treated

16 补胎 bǔ tāi

修补轮胎的地方

places to fix tyres

16 公寓 gōngyù

一种集合式住宅 apartment

如：单身公寓single apartment/留学生公寓overseas student apartment

16 收银 shōuyín

① 收钱 collect money

② 可以缴纳费用的窗口

the cashier's

16 网络 wǎngluò

Internet

如：上网 surf the Internet

一字 One Character
二字 Two Characters
三字 Three Characters
四字 Four Characters

16 大道 dàdào

用在最后，表示较宽的路名 wide road, avenue 如：和平大道Peace Road/友谊大道Friendship Road

16 大街 dàjiē

用在最后，表示较宽的路名main street 如：前门大街Front Door Street

19 修鞋 xiū xié

repair shoes

20 无人（厕所） wúrén（cèsuǒ）

无人使用

vacant

21 北门 běimén

北边的门

north gate

21 洗衣 xǐ yī

提供洗衣服务的地方

laundry; laundrette

22 出口 chūkǒu

① 出去的地方 exit; outlet

② 运货出国参加贸易活动

export

22 巴士 bāshì

bus

如：机场巴士 airport bus

一字 One Character
二字 Two Characters
三字 Three Characters
四字 Four Characters

22 北区 běiqū

北边的区域

north area

22 东区 dōngqū

东部的区域

east area

22 校区 xiàoqū

学校所在的区域 campus

如：老校区old campus/南校区

south campus

22 干洗 gānxǐ

dry-clean

如：干洗服务店

dry-cleaner's

22 欢迎 huānyíng

欢快地迎接

welcome

22 快印 kuàiyìn

① 快速印出 high speed printing

② 可以较快拿到的印刷产品 high-speedly printed material

22 止步 zhǐbù

停止脚步，不再前行

freeze,go no further

22 上午 shàngwǔ

白天的上半天

morning

一字 One Character
二字 Two Characters
三字 Three Characters
四字 Four Characters

22 中午 zhōngwǔ

白天十二点左右的时间

noon

23 安检 ānjiǎn

进行安全检查

security check

23 厕所 cèsuǒ

WC; washroom; water closet

23 茶庄 cházhuāng

茶店

tea shop

23 产地 chǎndì

物品的生产地

the place of production

23 工会 gōnghuì

① trade union; labor union

② 工会办公的地方

offices of labor unions

23 洗车 xǐ chē

① 清洗车辆 wash cars

② 提供洗车服务的地方 car washing room

23 中学 zhōngxué

中等学校

middle school

一字 One Character
二字 Two Characters
三字 Three Characters
四字 Four Characters

24 **菜单** càidān

列有各种菜名的单子

menu

24 **饭店** fàndiàn

① 卖饭的店家 restaurant

如：便民饭店 convenient restaurant

② 条件好的旅馆 hotel

24 **机场** jīchǎng

飞机起飞、降落、停放的场地

airport

如：白云机场Baiyun Airport/机场大巴airport bus/ 机场专线airport line（开往机场的交通专线lines bound for the airport）

24 快递 kuàidì

① 特快专递 express delivery

② 做特快专递的公司 express mail service company

24 市场 shìchǎng

做买卖的场所 market 如：超级市场supermarket/ 鞋帽市场markets where shoes and hats are sold

24 书城 shūchéng

以卖书为主的大型商场 large bookstores 如：东郊书城 Eastern Suburb Bookstore

24 书店 shūdiàn

卖书的商店 bookshop,bookstore

如：新华书店Xinhua Bookstore

一字 One Character
二字 Two Characters
三字 Three Characters
四字 Four Characters

25 北站 běizhàn

城市北部的车站

north station

25 东站 dōngzhàn

城市东部的车站

east station

25 饭堂 fàntáng

食堂 canteen

如：学生饭堂

student's canteen

25 机票 jīpiào

飞机票 airplane ticket

如：电子机票 E-ticket

26 **菜谱** càipǔ

菜单

menu

26 **出售** chūshòu

to sale

如：房屋出售

houses for sale

26 **快餐** kuàicān

fast food

如：快餐店 fast food restaurant/快餐食品fast food

26 **快照** kuàizhào

可以很快得到照片 snapshot

一字 One Character
二字 Two Characters
三字 Three Characters
四字 Four Characters

26 中餐 zhōngcān

中国风味的餐食菜肴

Chinese food

30 肃静 sùjìng

请保持严肃和安静

solemn and silence

31 后门 hòumén

后边的门 the back door

如：走后门get in from the back door; use back door connections to get an advantage

31 西门 xīmén

西边的门 west gate

32 打印 dǎyìn

① print

② 提供打印服务的地方或打印机

printing services or printer

32 电视 diànshì

① television

② 电视节目

television programs

32 名片 míngpiàn

① 有名字的卡片

visiting card, business card

② 制作名片的地方 shops where

business cards are made

32 热饮 rèyǐn

热的饮品 hot drink

一字 One Character
二字 Two Characters
三字 Three Characters
四字 Four Characters

32 社区 shèqū

居住小区 community

如：社区医院

community hospital

32 足浴 zúyù

洗脚或提供洗脚服务的地方

foot spa

32 食疗 shíliáo

用饮食治病

food therapy

32 学校 xuéxiào

school

如：双语学校bilingual school/外语学校foreign languages school

33 学生 xuésheng

在学校读书的人 student

如：小学生pupil/在校大学生college student

33 泊车 bó chē

停车 to park cars

33 打字 dǎ zì

① to typewrite

② 提供打字服务的地方 shops where typing services are provided

33 导购 dǎogòu

引导购物的人 shopping guide

33 空车 kōngchē

还没有乘客的出租车 taxis for rent

33 **地点** dìdiǎn

所在的地方

position

33 **地图** dìtú

map

如：中国地图 map of China/广州地图 map of Guangzhou

33 **会所** huìsuǒ

以业主为主要服务对象的服务设施

clubs

33 **会员** huìyuán

某些团体或组织的成员

member of an association, club, etc.

33 甩卖 shuǎimài

像扔掉一样低价卖出商品

to put on sale at greatly reduced prices; on sale

33 危险 wēixiǎn

①有可能遭受损害的境况 dangerous situations ② 提醒人小心 warn people to be careful

33 性别 xìngbié

gender

34 保洁 bǎojié

做保持清洁的工作

do cleaning work

一字 One Character
二字 Two Characters
三字 Three Characters
四字 Four Characters

34 车库 chēkù

停放汽车的建筑

garage

34 地址 dìzhǐ

所在的地方 address

如：报名地址 application address

34 电话 diànhuà

telephone,calls

如：长途电话 long-distance call/

移动电话 mobile telephone

34 电梯 diàntī

elevator

如：员工电梯 elevator for employees /

货运电梯 freight elevator

34 旅店 lǚdiàn

较小的旅馆

inn

34 轮渡 lúndù

ferry

如：轮渡码头ferry terminal/汽车轮渡car ferry

34 免费 miǎnfèi

免去费用 for free

如：免费品free products/免费服务free services

34 学院 xuéyuàn

用在最后，表示大学或者大学的一个专业教学单位。college, school, educational institute, faculty

一字 One Character
二字 Two Characters
三字 Three Characters
四字 Four Characters

34 移动 yídòng

中国移动

China Mobile

35 车站 chēzhàn

汽车站bus station/火车站train station

如：汽车总站 bus terminal

35 导游 dǎoyóu

① 引导游览的人 tourist guide

② 提供导游服务的地方 travel agency, tourist office

35 地铁 dìtiě

地下铁路 metro

如：地铁站 subway station

35 热线 rèxiàn

热线电话 hotline

如：服务热线service hotline

市长热线mayor's hotline

35 食堂 shítáng

内部的饭馆 canteen

如：学生食堂student canteen /

教工食堂faculty's dining hall

35 西站 xīzhàn

城市西部的车站

west station

35 住宿 zhùsù

① 留宿某处 lodge

② 可以提供留宿服务的地方

hotel, motel, etc

一字 One Character
二字 Two Characters
三字 Three Characters
四字 Four Characters

35 注意 zhùyì

应该重视、关注的

pay close attention

36 宾馆 bīnguǎn

较好的旅馆

hotel

36 传真 chuánzhēn

提供传真服务的地方或指传真机

shops that provide fax services; fax machines

36 促销 cùxiāo

① 促进销售 promotions

② 商品便宜有优惠

goods that are sold at a discount

36 旅馆 lǚguǎn

hotel; guesthouse

如：花城旅馆Flower City Hotel/西郊旅馆West Suburb Hotel

36 食品 shípǐn

食物 food

如：绿色食品 green food

36 说明 shuōmíng

① to explain

② 说明书instruction book

39 瓷器 cíqì

① china,porcelain

② 卖瓷器的地方

china shop

一字 One Character
二字 Two Characters
三字 Three Characters
四字 Four Characters

40 报价 bàojià

说明价格

to quote

40 有人 yǒurén

某人正在使用中

occupied

41 急诊 jízhěn

紧急诊治 emergency treatment

如：急诊部emergency department/

急诊室emergency room

41 南门 nánmén

南边的门

south gate

42 到达 dàodá

提供车次、航班到达消息的地方

arrive; to provide the arrival information of trains and flights

42 的士 dīshì

出租车 taxi

如：的士站 taxi stand

42 渡口 dùkǒu

用船摆渡的地方 ferry

如：汽车渡口

car ferry

42 告示 gàoshì

通告大众的文件 notice

如：停业告示 closure notice

42 海关 hǎiguān

customs

如：北京海关 Beijing Customs/武汉海关Wuhan Customs

42 美发 měifà

使头发更美的地方 hairdressing salon 如：美发店 hair salon

42 南区 nánqū

南部的区域

south area

42 现刊 xiànkān

近期出版的刊物

current issues

42 展厅 zhǎntīng

举办展览的大厅

exhibition hall

43 酒楼 jiǔlóu

餐馆

restaurant

43 客满 kèmǎn

客人已经满员 fully booked; no vacancy; all booked up

43 美容 měiróng

使容貌变美的地方 beauty salon

如：美容店 beauty shop

一字 One Character
二字 Two Characters
三字 Three Characters
四字 Four Characters

43 男装 nánzhuāng

① 男式服装 men's wear

② 卖男装的地方 places which sell men's clothes

43 前台 qiántái

① 前面的服务台 front desk

② 负责接待的人 receptionist

43 时装 shízhuāng

时令服装 fashionable dress

如：时装店 fashion store

43 姓名 xìngmíng

name

43 报名 bào míng

报告自己的姓名，表示愿意参加某种组织或活动

to sign up; to enrol

44 酒吧 jiǔbā

卖酒的地方

bar (for alcoholic drinks)

44 酒店 jiǔdiàn

① 有餐饮供应的旅馆 public house

② 买卖酒的地方 wineshop

44 考场 kǎochǎng

举行考试的场所 examination hall 如：第三考场the third examination room/第五考场the fifth examination room

一字 One Character
二字 Two Characters
三字 Three Characters
四字 Four Characters

44 签证 qiānzhèng

visa 如：签证处visa office/旅游签证tourist visa/学习签证study visa

44 商场 shāngchǎng

department store
如：百货商场department stores/服装商场clothing stores

44 商店 shāngdiàn

shop 如：服装商店clothing stores/家电商店 stores for household electrical appliances

44 限速 xiànsù

有速度的限制 speed limit

44 医院 yīyuàn

hospital 如：中医院hospital of traditional Chinese medical science/市立医院municipal hospital

44 邮政 yóuzhèng

办理寄信件、汇兑等业务的地方

post office

45 按摩 ànmó

提供保健按摩的地方

massage parlor

45 禁鸣 jìnmíng

表示此处禁止鸣笛

No horn

45 禁停 jìntíng

表示此处禁止停车

No parking

45 考室 kǎoshì

进行考试的教室

examination room

45 客服 kèfú

为客人服务的地方或人员

customer service；customer service staff

45 桑拿 sāngná

sauna

如：桑拿浴sauna/桑拿室sauna room

45 易碎 yìsuì

容易打碎的物品

fragile

45 邮局 yóujú

办理邮政业务的地方

post office

46 护照 hùzhào

① passport

② 领取或出示护照的地方 the place to obtain or present passport

46 烤鸭 kǎoyā

① 烤制的鸭子 roasted duck

② 卖烤鸭的商店或者饭店 stores or restaurants where you can buy roasted ducks

46 启事 qǐshì

声明一件事情的文字 notice; announcement 如：招聘启事job notice/停业启事closure notice

46 限高 xiàngāo

有高度的限制

height limit

46 有毒 yǒudú

带有毒性

toxic

46 早餐 zǎocān

早上的餐饮供应

breakfast

47 城管 chéngguǎn

管理城区的部门或人

city administration department or staff

47 邮箱 yóuxiāng

投放邮件的箱子

mailbox

50 特价 tèjià

特别定出的较低价格

bargain price

52 服务 fúwù

愿意为您工作

give service to; serve

一字 One Character
二字 Two Characters
三字 Three Characters
四字 Four Characters

52 复印 fùyìn

① 照原样再印 copy

② 提供复印服务的地方或指复印机

shops which provide photocopying services; photo copier

53 站台 zhàntái

火车站内上下旅客或装卸货物的平台

railway platform; station platform; platform for passengers or for loading and unloading goods

53 钟表 zhōngbiǎo

卖钟表或修钟表的地方

shops where clocks and watches are repaired or sold

54 宿舍 sùshè

住宿的房舍 dormitory

如：学生宿舍students' dormitory/

职工宿舍staff quarters

54 通告 tōnggào

普遍通知

public notice

54 通知 tōngzhī

通知事情的文字或口信

notice

54 药店 yàodiàn

售卖药品的商店 drugstore；

pharmacy

一字 One Character
二字 Two Characters
三字 Three Characters
四字 Four Characters

54 药房 yàofáng

售卖药品的商店

chemist's shop

54 招商 zhāoshāng

招揽商户进行投资

to invite/attract investment

54 租房 zū fáng

① 提供房子出租 house renting

② 提供房屋出租服务的中介 house agent

55 教室 jiàoshì

进行教学的房间 classroom

如：多媒体教室multimedia classrooms/阶梯教室lecture theater

56 租售 zūshòu

出租或卖出

for rent or for sale

58 咖啡 kāfēi

① coffee

② coffee shop

59 招聘 zhāopìn

公开招收、聘请

advertise job offers; wanted

61 清货 qīnghuò

以极低价格清仓出售货品 clearance;

clearance sale

一字 One Character
二字 Two Characters
三字 Three Characters
四字 Four Characters

61 营业 yíngyè

经营业务

open；do business

61 码头 mǎtóu

dock/wharf/pier

如：轮渡码头ferry terminal/5号码头 pier 5

62 餐厅 cāntīng

吃饭的厅堂 restaurant

如：中餐厅Chinese restaurant /西餐厅Western restaurant

62 餐饮 cānyǐn

① 吃饭的地方 catering area

② 饮 to drink;drinks；餐 to eat; food

62 银行 yínháng

bank

如：中国银行Bank of China/工商银行Industrial and Commercial Bank

62 超市 chāoshì

超级市场的简称，又称自选商场

abbreviation for supermarket

62 昨天 zuótiān

今天的前一天

yesterday

62 明天 míngtiān

今天的后一天

tomorrow

一字 One Character
二字 Two Characters
三字 Three Characters
四字 Four Characters

63 轻放 qīng fàng

小心放置

handle with care

63 弱电 ruòdiàn

用低电压的

weak current

63 售完 shòuwán

货品卖完

sold out

63 晚点 wǎndiǎn

比规定的时间迟了

late or behind schedule

63 影楼 yǐnglóu

照相馆

photo studio

64 翻译 fānyì

① 提供翻译的地方 translation/interpretation; the place which provides translation services

② 当翻译的人

translator /Interpreter

65 高铁 gāotiě

高速铁路 high speed railway

如：高铁站 high speed railway station

65 寝室 qǐnshì

集体宿舍中的卧室

dormitory

65 照相 zhàoxiàng

提供照相服务的地方

to take photos; photo studio

一字 One Character
二字 Two Characters
三字 Three Characters
四字 Four Characters

66 餐馆 cānguǎn

饭店，公众的食堂 restaurant

66 晚餐 wǎncān

晚上吃的正餐 supper

66 赠品 zèngpǐn

卖方附送的物品

free gift; gift

66 直销 zhíxiāo

直接销售 direct selling

如：直销价

direct selling price

69 售罄 shòuqìng

货品卖完

sold out

75 暂停 zàntíng

暂时停止

pause

81 鲜花 xiānhuā

出售鲜花的地方 flowers;

flowers shop

83 绸庄 chóuzhuāng

专卖绸缎的商店

silk shop

83 强电 qiángdiàn

有高电压的

high current

023 派出所 pàichūsuǒ

公安局分派出的基层机构　local police station; police substation

025 警戒线 jǐngjièxiàn

起警戒作用的线　cordon;guard line;warning line; fire line

026 人行道 rénxíngdào

道路中专供人通行的部分

sidewalk；footway

031 人民币 rénmínbì

中国法定货币　RMB

035 火车站 huǒchēzhàn

铁路车站

railway station

035 小卖部 xiǎomàibù

也称便利店，较小的零售商店

canteen; retail department

036 小车道 xiǎochēdào

供轿车行驶的车道

small lane

043 价目表 jiàmùbiǎo

给出价格的图表

offering sheet；price catalogue

054 警官证 jǐngguānzhèng

警官的身份证明

police officer's identity card

055 化验室 huàyànshì

进行化验、试验的地方

chemical laboratory

105 文化宫 wénhuàgōng

开展文化娱乐活动用的公共建筑

cultural palace

106 文化馆 wénhuàguǎn

文化活动场馆

cultural centre

109 灭火器
mièhuǒqì

救火用的器具

fire extinguisher

112 办公区
bàngōngqū

办理公事的区域

office area

113 门诊楼
ménzhěnlóu

医院里进行门诊治疗的楼房

outpatient building

115 办公室
bàngōngshì

办公的地方

office

一字 One Character
二字 Two Characters
三字 Three Characters
四字 Four Characters

115 公交站

gōngjiāozhàn

公共汽车站

bus stop

115 门诊部

ménzhěnbù

医院里进行门诊治疗的地方

outpatient department

115 一米线

yìmǐxiàn

离柜台或窗口一米的线，提醒人们在线后等候

one meter line; a line that you stand behind while waiting in line in banks/hospitals and other public places

122 水未开
shuǐ wèi kāi

水还没有烧开

unboiled water

122 水已开
shuǐ yǐ kāi

水已经烧开

boiled water

112 诊疗所
zhěnliáosuǒ

较小的医疗中心

clinic

123 女厕所
nǚ cèsuǒ

女性用的厕所

ladies' room

124 **飞机场** fēijīchǎng

也叫机场，飞机起飞、降落、停放的场地 airport

124 **休闲港** xiūxiángǎng

供人们娱乐休闲的地方

entertainment center

125 **公安局** gōng'ānjú

负责公共安全的机构

public security bureau

125 **业务部** yèwùbù

负责业务活动的部门

business department

131 交表处
jiāobiǎochù

上交表格的地方

place where forms are given in

133 大甩卖
dàshuǎimài

用很低的价格销售商品

great sale; sell goods at a very low price

134 大学城
dàxuéchéng

由多所大学构成的园区

college town

135 光荣榜
guāngróngbǎng

上面有先进人物名单的公告

honour roll

一字 One Character
二字 Two Characters
三字 Three Characters
四字 Four Characters

135 一日游 yírìyóu

一天之内完成的旅游

one-day tour

136 大车道 dàchēdào

大车可以行驶的车道

oversize vehicle lane

136 大使馆 dàshǐguǎn

embassy

如：中国大使馆 Chinese embassy

140 大减价 dàjiǎnjià

商品大幅度降价销售

price cutting

141 收费处 shōufèichù

收费的地方

toll house

142 休息区 xiūxīqū

休息的区域

rest area

144 公告栏 gōnggàolán

用于张贴公文、告示、启事等的地方

bulletin board

150 优惠价 yōuhuìjià

preferential price

如：八折优惠价

eighty percent offer

一字 One Character
二字 Two Characters
三字 Three Characters
四字 Four Characters

155 **收款室** shōukuǎnshì

收钱款的房间

collection office

161 **外事处** wàishìchù

办理与对外事务、外国友人以及国际交流有关业务的机构

foreign affairs office

163 **收银台** shōuyíntái

收钱款的地方

check-out counter

164 **门牌号** ménpáihào

房子或房间的编号

house number

164 训练场
xùnliànchǎng

培训、练习某种技能的地方

training grounds

165 广播室
guǎngbōshì

broadcasting studio

如：学校广播室

school broadcasting studio

182 收藏夹
shōucángjiā

电脑里储存网址的文件夹

favorite folder

183 代理点
dàilǐdiǎn

代为办理特定事务的地方

agency

212 工业区 gōngyèqū

工业企业群所在地

industrial park

212 深水区 shēnshuǐqū

水位较高的区域

profundal zone; an area with high water levels

212 手术中 shǒushùzhōng

正在进行手术

intra-operation

214 茶水间 cháshuǐjiān

提供茶水的地方

pantry room

214
观光梯
guānguāngtī

用来观赏风光的垂直电梯

sightseeing elevator

214
开水间
kāishuǐjiān

供应开水的地方

water heater room

214
洗衣店
xǐyīdiàn

提供洗衣服务的商店

laundrette

214
洗衣房
xǐyīfáng

提供洗衣服务的商店或地方

laundrette

215 **校长室** xiàozhǎngshì

校长的办公室 president office; headmaster's office

215 **手术室** shǒushùshì

医院进行手术的地方

operating room

221 **财务处** cáiwùchù

负责本机构的财务管理的部门

financial management department

221 **欢迎您** huānyíng nín

welcome

221 还书处 huánshūchù

图书馆还回书刊的地方

book return area

221 总务处 zǒngwùchù

机构中管理日常生活等的部门

office of general services

222 开发区 kāifāqū

为促进经济发展而实行特殊政策的地区

development region

223 夜总会 yèzǒnghuì

泛指各类夜生活娱乐场所

night club

224 **干洗店** gānxǐdiàn

提供干洗服务的商店

dry cleaners

224 **洗手间** xǐshǒujiān

洗手的地方，厕所

bathroom; washroom; toilet

224 **资料架** zīliàojià

摆放资料的架子

brochure shelf

224 **总机房** zǒngjīfáng

电话汇总的地方

switchboard room

225 资料室
zīliàoshì

存放资料的房间 reference room

225 财务部
cáiwùbù

负责财务管理的部门 finance department

226 步行街
bùxíngjiē

专供步行的街道
pedestrian street

231 安检处
ānjiǎnchù

进行安全检查的地方
security check

231 工作处
gōngzuòchù

管理某类工作的职能部门

staff section

231 体检处
tǐjiǎnchù

进行身体检查的地方

medical examination center

231 饮用水
yǐnyòngshuǐ

可以喝的水

drinking water

232 安检口
ānjiǎnkǒu

进行安全检查的入口

checkpoint

232 **工作中**
gōngzuò zhōng

正在进行工作

working

232 **无烟区**
wúyānqū

禁止抽烟的区域

non-smoking area

233 **卫生所**
wèishēngsuǒ

诊所

health center; clinic

234 **安全栏**
ānquánlán

用于安全防护的栏杆

safety fence

一字 One Character
二字 Two Characters
三字 Three Characters
四字 Four Characters

234 **工作证** gōngzuòzhèng

表示在某单位工作的证件

employee's card

234 **老字号** lǎozìhào

历史长的、有特色的商店或品牌 an old and famous shop or enterprise

234 **卫生间** wèishēngjiān

厕所、洗手间、浴池等的通称

bathroom; washroom; toilet

235 **卫生局** wèishēngjú

管理食品卫生、医疗工作等的机构

health bureau

236 快车道

kuàichēdào

在道路同方向划有两条以上机动车道的，左侧为快速车道

fast traffic lane; fast lane

239 变压器

biànyāqì

利用电磁感应的原理来改变交流电压的装置 transformer

243 机动车

jīdòngchē

由机器驱动的车辆

automotive vehicle

244 科技园

kējìyuán

高新技术产业开发区

scientific and technological park

244 **校医院** xiàoyīyuàn

学校开设的医院

school hospital

245 **志愿者** zhìyuànzhě

不要酬谢、自愿提供服务的人

volunteer

245 **财政局** cáizhèngjú

负责地方财政工作的国家机构

The Department of Finance; Finance Bureau

246 **科技馆** kējìguǎn

科学技术展览馆

science and technology museum

252 土特产 tǔtèchǎn

某地特有的或特别著名的产品

local specialty

253 出租车 chūzūchē

临时雇的汽车

taxi

253 示意图 shìyìtú

描述物体大体情况的简单图示

sketch map; diagrammatic sketch

254 中药房 zhōngyàofáng

医院里售卖中药的科室

TCM pharmacy

一字 One Character
二字 Two Characters
三字 Three Characters
四字 Four Characters

254 中药库 zhōngyàokù

储存中药的地方

botanical pharmacy

255 观察室 guānchàshì

观察病人情况的房间

probationary ward

262 说明书 shuōmíngshū

说清楚某事物，例如商品的用途、保管方法等的短文

instruction book

262 中餐厅 zhōngcāntīng

售卖中式饭菜的餐厅

Chinese restaurant

263 末班车 mòbānchē

一天中的最后一班车

last bus; last train

265 工程部 gōngchéngbù

工程负责单位

engineering department

301 防火门 fánghuǒmén

用来防止火灾扩散的门

fire door

303 托儿所 tuō'érsuǒ

照顾和培养婴幼儿的地方

nursery; child-care centre

一字 One Character
二字 Two Characters
三字 Three Characters
四字 Four Characters

304

幼儿园
yòu'éryuán

对幼儿集中进行保育的机构

kindergarten

312

作业区
zuòyèqū

港口、车站内的工作区域

operation area

315

地下室
dìxiàshì

低于室外地平面的房间

basement

315

会议室
huìyìshì

供开会用的房间

assembly room

321 **学工处** xuégōngchù

负责全校各项学生工作的职能部门

students' affairs division; student office

321 **保卫处** bǎowèichù

承担安全管理工作的职能部门

security division

322 **保卫科** bǎowèikē

承担安全管理工作的职能部门

security section

322 **生产区** shēngchǎnqū

负责生产的区域

production area

322 **治安岗** zhì'āngǎng

维护秩序安宁的岗位

security post

322 **住宅区** zhùzháiqū

居民住房密集的区域

residential area

323 **旅行社** lǚxíngshè

从事旅游服务的企业

travel agency

325 **阅览室** yuèlǎnshì

供读者看书看杂志等的地方

reading room

325 **治安亭**
zhì'āntíng

用于维护秩序安宁的小房子

security pavilion

326 **图书馆**
túshūguǎn

整理、收藏图书资料供人阅览的机构

library

330 **会员价**
huìyuánjià

会员才能享受的价格（低于一般市场零售价的优惠价格） VIP price

331 **问讯处**
wènxùnchù

负责解答客人疑问的地方

information desk

一字 One Character
二字 Two Characters
三字 Three Characters
四字 Four Characters

331 学生处
xuéshēngchù

负责全校各项学生工作的职能部门

students' affairs division; student office

332 录像厅
lùxiàngtīng

放映录像带的地方

video parlor

332 生活区
shēnghuóqū

人们居住的区域

living areas

333 学生会
xuéshēnghuì

学生自己的社团

student union

334 **免税店** miǎnshuìdiàn

供应免税品的商店

duty free shop

334 **消防栓** xiāofángshuān

一种固定的消防工具

fire hydrant; fireplug

334 **消防梯** xiāofángtī

消防人员进行灭火与救援时使用的梯子 scaling ladder

334 **许可证** xǔkězhèng

准许从事某种活动、工作等的书面证明

license

一字 One Character
二字 Two Characters
三字 Three Characters
四字 Four Characters

334 专卖店 zhuānmàidiàn

专门经营某类商品或某一品牌商品的商店 exclusive shop

335 病案室 bìng'ànshì

管理已出院病人病案的办公室

medical records room

335 加油站 jiāyóuzhàn

给车补充油的地方

gas station；service station

335 汽车站 qìchēzhàn

汽车停靠的地方

bus station

335 **三日游** sānrìyóu

三天完成的旅游

a three-day tour

336 **购物街** gòuwùjiē

专门供人们购物的街道

shopping street

337 **电表箱** diànbiǎoxiāng

安装电表的盒子或箱子

electricity meter box

341 **可回收** kěhuíshōu

可以再次循环利用

recyclable

344 合格证 hégézhèng

确认其符合标准的证书

certificate

344 阅读栏 yuèdúlán

供人们了解报纸、公告等信息的地方

reading column

345 电话亭 diànhuàtíng

专门放置公共电话的地方

telephone booth

347 电话簿 diànhuàbù

电话本，记录电话号码的工具

phone book

350 惊爆价 jīngbàojià

让人震惊的低价

low price that surprises everyone

351 住宿处 zhùsùchù

为人们提供住宿的地方

hostel

351 咨询处 zīxúnchù

了解信息的地方

information office

352 地铁口 dìtiěkǒu

地铁入口

subway entrance

352 检票口 jiǎnpiàokǒu

检验车、船票的地方

ticket entrance

353 咨询台 zīxúntái

了解信息的服务台

information desk

354 导游证 dǎoyóuzhèng

导游的资格证书

tourist certificate

354 和谐号 héxiéhào

中国的动车组车辆

China Railways High-speed (CRH)

354 西药房
xīyàofáng

售卖西药的商店或取药处

pharmacy

355 地铁站
dìtiězhàn

搭乘地铁的车站

subway station

355 注射室
zhùshèshì

给病人注射的地方

injection room

359 监控器
jiānkòngqì

用于监控的仪器

monitor

360 **零售价** língshòujià

单件商品的价格

retail price

362 **点餐区** diǎncānqū

点菜的地方

order (meal) area

362 **食品区** shípǐnqū

销售食品的区域

food court

362 **用餐区** yòngcānqū

吃饭的区域

dining area

364 电影城
diànyǐngchéng

规模较大的电影院 cinema

364 电影院
diànyǐngyuàn

放映电影的场所

cinema; movie theatre

364 专营店
zhuānyíngdiàn

专门经营某一类商品的商店

speciality shop

365 消毒室
xiāodúshì

医院供应无菌用品的科室

disinfection room; sterilizing room

一字 One Character
二字 Two Characters
三字 Three Characters
四字 Four Characters

366 领事馆 lǐngshìguǎn

consulate

374 监督栏 jiāndūlán

张贴公布监察、督促等内容的地方

supervision board

374 数据库 shùjùkù

存放大批数据的地方 database

406 房价牌 fángjiàpái

标注房价的牌子

hotel rates card

414 便利店 biànlìdiàn

购物方便的商店

convenience store

414 试衣间 shìyījiān

试穿衣服的地方

fitting room

414 溜冰场 liūbīngchǎng

溜冰的场所

skating rink

415 更衣室 gēngyīshì

用于更换衣服的房间

dressing room

416 美术馆 měishùguǎn

专门收集、保存、展览和研究美术作品的机构 art gallery

一字 One Character
二字 Two Characters
三字 Three Characters
四字 Four Characters

416
商业街
shāngyèjiē

由很多商店、餐馆等组成的街道

business street; shopping street

422
美发厅
měifàtīng

美化头发的地方

hair salon

422
展览厅
zhǎnlǎntīng

展示陈列品给观众看的地方

exhibition hall

423
候机楼
hòujīlóu

机场内旅客等候乘机的地方

terminal

423 急救车 jíjiùchē

紧急救助伤病者的汽车

emergency car; ambulance

423 男厕所 náncèsuǒ

男性用的厕所

men's lavatory

423 商务楼 shāngwùlóu

用于商业活动的楼房

office building

423 时刻表 shíkèbiǎo

标出具体时间安排的表格

schedule; timetable

一字 One Character
二字 Two Characters
三字 Three Characters
四字 Four Characters

423 **医务所** yīwùsuǒ

较小的提供基本医疗服务的机构

clinic

423 **易燃物** yìránwù

容易引燃的物品

combustibles; inflammables

423 **展览会** zhǎnlǎnhuì

以现场展览和示范为主的集会

exhibition; exposition

424 **告示栏** gàoshìlán

通告大众信息的地方

noticeboard

424 **黑板报** hēibǎnbào

用粉笔在黑板上书写的新闻、消息等

blackboard newspaper

425 **报刊亭** bàokāntíng

售卖报刊杂志的小型活动房屋

newsstand

425 **候机室** hòujīshì

机场内乘客等候乘机的地方

airport lounges; waiting room

425 **急救室** jíjiùshì

紧急救助伤病者的地方

first-aid room

425 急救站 jíjiùzhàn

紧急救助伤病者的地方

first-aid station

425 始发站 shǐfāzhàn

车船等开始出发的站点

origin stop; station of departure

425 医务室 yīwùshì

较小的提供基本医疗服务的机构

clinic

426 单行道 dānxíngdào

只允许单一方向行驶的车道

one-way street

426
展览馆
zhǎnlǎnguǎn

展示陈列品给观众看的场馆

exhibition hall

427
果皮箱
guǒpíxiāng

一种户外垃圾桶

garbage can; rubbish bin

427
急救箱
jíjiùxiāng

装有常用急救药物及工具的小箱子

first-aid case

427
有效期
yǒuxiàoqī

某一商品具有效果的期限

available period; effective date

一字 One Character
二字 Two Characters
三字 Three Characters
四字 Four Characters

430 跳楼价 tiàolóujià

最低的价格 bottom price

跳楼，形容价格降幅极大

“跳楼”indicates the reduction of price by a wide range like jumping from a high building.

431 报名处 bàomíngchù

进行报名工作的地方 registration office

432 贵宾区 guìbīnqū

可以享受贵宾待遇的区域

VIP area

432 贵宾厅 guìbīntīng

可以享受贵宾待遇的地方

VIP lounge

432 候车厅 hòuchētīng

乘客等候乘车的地方

waiting hall

432 吸烟区 xīyānqū

公共场所中划定的可以吸烟的区域

smoking area

433 写字楼 xiězìlóu

商业办公用楼的别称

office building

433 **候车点** hòuchēdiǎn

乘客等候乘车的地方

waiting stand

434 **动物园** dòngwùyuán

饲养各种动物供研究或观赏的园地

zoo

434 **美容院** měiróngyuàn

提供美化容貌服务的场所

beauty salon

434 **美食城** měishíchéng

美味食品集中售卖的地方

food palace

435 档案室
dàng'ànshì

负责管理档案的机构

archives office

435 贵宾室
guìbīnshì

可以享受贵宾待遇的地方

VIP room

435 候车室
hòuchēshì

乘客等候乘车的地方

waiting room

435 吸烟室
xīyānshì

公共场所中划定的可以吸烟的区域

smoking area

435 终点站 zhōngdiǎnzhàn

在城市公共交通线路末端的车站

terminus

436 档案馆 dàng'ànguǎn

收集、保管档案的机构

archive

436 美食街 měishíjiē

餐厅汇集的街道

food street

441 自动门 zìdòngmén

能自动开关的门

auto gate; automatic door

442 落客区 luòkèqū

乘客下车的区域

drop-off area

443 时间表 shíjiānbiǎo

标出时间安排的表格

schedule; time-table

443 运动员 yùndòngyuán

参加运动比赛的选手

athlete; sportsman

444 连锁店 liánsuǒdiàn

以连锁方式经营的商店

chain store

一字 One Character
二字 Two Characters
三字 Three Characters
四字 Four Characters

445 **客运站** kèyùnzhàn

运送乘客的车站　passenger depot; passenger station

445 **垃圾桶** lājītǒng

装垃圾的容器，又叫废物箱或垃圾箱

ash-bin; garbage can

445 **垃圾站** lājīzhàn

存放或者回收垃圾的场所

refuse storage area/rubbish tip/ landfill site

447 **垃圾箱** lājīxiāng

装垃圾的容器

dustbin

451 退票处 tuìpiàochù

旅客退掉机票、车票、电影票等的地方 ticket refund

452 留言板 liúyánbǎn

用来留存文字信息的地方

message board

454 留言栏 liúyánlán

用来留存文字信息的地方

message board

456 易碎品 yìsuìpǐn

容易破碎的物品

breakable articles；fragile products

一字 One Character
二字 Two Characters
三字 Three Characters
四字 Four Characters

456 自助餐 zìzhùcān

由食客自行选取食物的进餐方式

buffet；buffet dinner

472 度假村 dùjiàcūn

为旅游者度过假日而设计的大型旅社

holiday resort

512 音乐厅 yīnyuètīng

进行音乐艺术活动的厅堂

concert hall

514 娱乐城 yúlèchéng

休闲娱乐的地方

entertainment center

515 俱乐部 jùlèbù

会员自主参加的团体或活动场所

club

517 意见箱 yìjiànxiāng

为征求意见而专设的箱子 complaint box; ideas box；suggestion box

521 教务处 jiàowùchù

学校的教学管理机构

academic administration

521 借书处 jièshūchù

图书馆借出书刊的处所

loan counter

522 **登机口**
dēngjīkǒu

登上飞机的入口

boarding gate

522 **服务区**
fúwùqū

提供服务的区域

service area

523 **服务台**
fúwùtái

提供服务的地方

information desk

523 **服务员**
fúwùyuán

提供服务的人员

waiter; waitress; attendant

524 **服务费**
fúwùfèi

为服务而收取的费用

service charge

524 **游戏场**
yóuxìchǎng

供娱乐游玩的场地

playground; play yard

525 **献血站**
xiànxiězhàn

无偿献出自己的血液的地方

blood donation center

526 **登机牌**
dēngjīpái

乘客登上飞机用的凭证

boarding pass

一字 One Character
二字 Two Characters
三字 Three Characters
四字 Four Characters

526 指示牌 zhǐshìpái

指出前进方向或所在地点的牌子

sign

531 登记处 dēngjìchù

登录记载有关事项的处所

check-in；registry office

531 停车处 tíngchēchù

停放车辆的处所

car park

532 教学区 jiàoxuéqū

进行教学活动的区域

teaching area

533 接待台
jiēdàitái

迎接招待宾客的地方

reception counter

533 招待所
zhāodàisuǒ

接待旅客的普通旅馆

hostel

534 面包店
miànbāodiàn

出售面包的商店

bakery

534 面包房
miànbāofáng

出售面包的商店

bakery

534 停车场 tíngchēchǎng

停放车辆的场地

parking lot

535 接待室 jiēdàishì

迎接招待宾客的房间

anteroom; reception room

542 等候厅 děnghòutīng

人们休息、等候的厅堂

waiting room

547 信报箱 xìnbàoxiāng

用户接收邮件和各类账单的小箱子

mailbox

555 教研室 jiàoyánshì

进行教学研究活动的办公室

teaching and research department

562 招牌菜 zhāopáicài

餐馆内最出名的美食

famous dish; speciality

563 首班车 shǒubānchē

第一班车

first-run vehicle

582 咖啡厅 kāfēitīng

卖咖啡等饮品的商店

coffee house

583 演唱会 yǎnchànghuì

规模较大的现场歌舞表演

concert of singing

586 咖啡馆 kāfēiguǎn

卖咖啡等饮品的店

café

612 营业厅 yíngyètīng

办理各种业务的地方

business hall

612 营业中 yíngyèzhōng

正在营业

open

620 联系人 liánxìrén

负责联络工作的人

contacts

631 售楼处 shòulóuchù

销售楼房的地方

sales office

634 宣传栏 xuānchuánlán

为公众提供某类信息的地方

bulletin board

635 宣传部 xuānchuánbù

负责宣传工作的部门

publicity department

635 **青年宫** qīngniángōng

青年在校外进行集体活动的地方

youth palace

636 **博物馆** bówùguǎn

museum

如：军事博物馆military museum/汉字博物馆Chinese character museum

636 **非卖品** fēimàipǐn

不售卖的物品

not for sale

636 **慢车道** mànchēdào

慢速行驶的车道

slow lane

651 售票处 shòupiàochù

专门卖票的地方

ticket office; booking office

652 售票厅 shòupiàotīng

专门卖票的地方

ticket lobby; booking hall

662 值班岗 zhíbāngǎng

人们在当值的班次里工作的地方

duty post

663 值班员 zhíbānyuán

当班的工作人员

watchman

一字 One Character
二字 Two Characters
三字 Three Characters
四字 Four Characters

665 经营部 jīngyíngbù

公司或企业的运营部门

operating department

665 值班室 zhíbānshì

值班员工作的地方

duty room

671 星期一 xīngqīyī

工作日的第一天

monday

671 星期六 xīngqīliù

双休日的第一天

saturday

672 **星期二**
xīngqī'èr

工作日的第二天

tuesday

672 **星期天**
xīngqītiān

双休日的第二天

sunday

672 **星期四**
xīngqīsì

工作日的第四天

thursday

673 **星期三**
xīngqīsān

工作日的第三天

wednesday

673 星期五
xīngqīwǔ

工作日的第五天

friday

673 星期日
xīngqīrì

双休日的第二天

sunday

715 维修部
wéixiūbù

进行维护和修理的地方

maintenance department

725 输液室
shūyèshì

给病人输入药液的房间

infusion room

734 **植物园** zhíwùyuán

栽培植物供游客玩赏的园地

botanical garden

744 **健身房** jiànshēnfáng

城市里用来健身的室内场所

gymnasium; gym

752 **请绕行** qǐng ràoxíng

由于道路不通，提醒人们绕路通过

detour please

757 **捐款箱** juānkuǎnxiāng

donation box

762 歌舞厅 gēwǔtīng

唱歌跳舞的娱乐场所

dancing hall

764 精品店 jīngpǐndiàn

出售精美商品的商店

boutique

781 管理处 guǎnlǐchù

某个单位的管理机构

management

782 管理区 guǎnlǐqū

管理的范围、区域

precinct

783 **管理员** guǎnlǐyuán

执行管理工作的人员

administrator

784 **眼镜店** yǎnjìngdiàn

销售眼镜的商店

spectacles store

812 **排水沟** páishuǐgōu

将水排出去的水沟

drainage ditch

825 **盥洗室** guànxǐshì

洗手、洗脸的房间

washroom; lavatory

825 **理疗室** lǐliáoshì

医院中应用物理疗法的科室

physiotherapy room

825 **排行榜** páihángbǎng

列出排名顺序的名单

ranking list; the charts

852 **提款机** tíkuǎnjī

提取现金的机器

cash machine

924 **量贩店** liàngfàndiàn

批量贩售的商店

hypermarket

0025 小心行驶
xiǎoxīn xíngshǐ

注意谨慎地驾驶

drive carefully

0034 火警电话
huǒjǐng diànhuà

请求救火的电话

fire (emergency) telephone

0036 小心地滑
xiǎoxīn dì huá

地面滑，留神摔倒

Caution!Slippery!

0043 小心有电
xiǎoxīn yǒu diàn

注意不要触电

beware of electricity

0051 **小心碰头**
xiǎoxīn pèng tóu

留神碰到头

mind your head

0057 **小心玻璃**
xiǎoxīn bōli

留神被玻璃划伤

Caution! Glass

0063 **小心轻放**
xiǎoxīn qīng fàng

搬运物品时注意轻轻放置

handle with care

0076 **小心路滑**
xiǎoxīn lù huá

留神路面，谨防滑倒

Slippery road. Be careful!

0222 人行天桥
rénxíng tiānqiáo

行人过马路的天桥

pedestrian overpass

0266 人行横道
rénxíng héngdào

行人过马路的通道

pedestrian crosswalk

0432 警告标志
jǐnggào biāozhì

警告车辆、行人注意危险的标志

warning sign; caution sign

0436 小客车道
xiǎokèchēdào

小客车通行的道路

small bus lane

0835 心理咨询
xīnlǐ zīxún

帮助求助者解决心理问题的地方

psychological counselling

1033 灭火专用
mièhuǒ zhuānyòng

救火专用设备

fire extinguisher

1112 公交优先
gōngjiāo yōuxiān

公共交通工具优先行驶

public transportation first

1122 下一出口
xià yī chūkǒu

下一个道路出口

next exit

1134 办公设备
bàngōng shèbèi

泛指与办公室相关的设备

office equipment

1136 公交车道
gōngjiāo chēdào

公共汽车专用的车道

bus lane

1144 办公时间
bàngōng shíjiān

上班的时间

office hours

1152 门诊服务
ménzhěn fúwù

为不住院的病人提供的服务

outpatient service

1161 买一赠一
mǎi yī zèng yī

买一件商品送一件（相同的或不同的）商品 to buy one and get one free(the same or different goods)

1162 农业银行
nóngyè yínháng

中国农业银行

Agricultural Bank of China

1218 业务办理
yèwù bànlǐ

某种业务的办理地点

business transaction

1223 公共厕所
gōnggòng cèsuǒ

公共场所的厕所

public convenience,comfort station

1224 女洗手间
nǚxǐshǒujiān

女士用的厕所

women's washroom

1233 公共汽车
gōnggòng qìchē

有固定路线，供旅客出行的机动车辆　bus

1233 业务许可
yèwù xǔkě

许可开展业务的证明

business operation permit

1238 公安执勤
gōng'ān zhíqín

公安干警在执行任务

police on duty

1276 下雨路滑
xiàyǔ lù huá

提醒路人，下雨容易滑倒

slick with rain

1314 公益广告
gōngyì guǎnggào

为公众利益而设计的广告

public-interest ad

1334 公益活动
gōngyì huódòng

为公众利益而进行的活动

public-interest activity

1341 不可回收
bù kě huíshōu

不可以重复利用的

non-recyclable

1350 **今日特价**
jīnrì tèjià

只在今天实行的特别低的价格

today's special

1353 **允许停车**
yǔnxǔ tíng chē

这里许可停车

parking permitted

1404 **收费价格**
shōufèi jiàgé

收取费用情况的说明

charging rate

1415 **女更衣室**
nǔ gēngyīshì

女士更换衣服的地方

women's dressing room

一字 One Character
二字 Two Characters
三字 Three Characters
四字 Four Characters

1424 **收费须知** shōufèi xūzhī

收费时缴费人必须知道的情况

charging note

1523 **付款方式** fù kuǎn fāngshì

交付钱款的具体形式

terms of payment

1531 **内部装修** nèibù zhuāngxiū

提示内部正在装修

internal decoration

1554 **交通信息** jiāotōng xìnxī

和交通有关的各种信息

traffic information

1562 **交通银行** jiāotōng yínháng

中国交通银行

Bank of Communications

1566 **优惠套餐** yōuhuì tàocān

低价且成套的商品或服务

concessions package;discount package

1715 **分期付款** fēnqī fù kuǎn

买方分不同时期向卖方交付货款的行为

pay by installments

1754 **勿踏草坪** wù tà cǎopíng

请不要踩踏草坪

Keep off the grass

2033 闲人免进 xiánrén miǎn jìn

与正事无关的人不得进入

Staff only

2123 开业庆典 kāiyè qìngdiǎn

为开始营业而举行的庆祝典礼

opening ceremony

2131 买一送一 mǎi yī sòng yī

买一件商品送一件（相同的或不同的）商品 to buy one and get one free(the same or different goods)

2132 先下后上 xiān xià hòu shàng

先下车，后上车

Allow passengers off first before aboarding

2132 **英文名称**
yīngwén míngchēng

英文名字

English name

2132 **中文名称**
zhōngwén míngchēng

中文名字

Chinese name

2212 **出发大厅**
chūfā dàtīng

乘客离开某地时的候机厅

departure hall

2213 **欢迎光临**
huānyíng guānglín

欢迎客人来到，礼貌用语

welcome

一字 One Character
二字 Two Characters
三字 Three Characters
四字 Four Characters

2220 快印中心
kuàiyìn zhōngxīn

可提供打印服务的地方

printing center

2222 市区巴士
shìqū bāshì

在市区行驶的公共汽车

urban bus; city bus

2231 买二送一
mǎi èr sòng yī

买两件商品送一件（相同的或不同的）商品 to buy two and get one free(the same or different goods)

2232 私家车位
sījiā chēwèi

私人专有的停车位子

private parking

2242 示范单位 shìfàn dānwèi

做出了典范工作的单位

recommended company; demonstration unit; a unit or company which sets a good example

2244 出发时间 chūfā shíjiān

离开的时间

departure time

2254 欢迎惠顾 huānyíng huìgù

欢迎客人再来，送走顾客时的礼貌用语 Thanks for coming

2264 欢迎品尝 huānyíng pǐncháng

欢迎顾客试吃 Welcome to try and taste

2302 安全警示
ānquán jǐngshì

提示注意安全

security alert

2322 安全出口
ānquán chūkǒu

公共场合的逃生出口

fire escape，emergency exit

2332 安全标志（识）
ānquán biāozhì(shí)

表明安全的标记

security identity;safety marking

2335 安全检查
ānquán jiǎnchá

判定是不是安全的检查

safety-check; safety inspection

2334 **行李托运**
xíngli tuōyùn

1.可提供运送行李 baggage delivery

2.飞机上要求的行李运输方式

luggage checking

2342 **安民告示**
ānmín gàoshì

告诉大家不要担心某些事情的公告

advance notice

2353 **来访登记**
láifǎng dēngjì

来访问的客人登记姓名等的地方

visitor register

2353 **失物招领**
shīwù zhāolǐng

提供丢失和捡到物品的信息，要人来认领的地方 Lost and Found

2353 **行李寄存**
xíngli jìcún

可提供行李寄放服务的地方

Left Baggage

2356 **安全通道**
ānquán tōngdào

为了逃生便利所设置的通道

Escapeway

2375 **行李提取**
xíngli tíqǔ

可提供行李提取服务的地方

Baggage Claim

2412 **机场大巴**
jīchǎng dàbā

往返于机场的运送旅客的巴士

airport shuttle bus

2425 机场快线
jīchǎng kuàixiàn

通往机场的快速路线

airport express

2431 节约用水
jiéyuē yòng shuǐ

提醒人们要减少水资源浪费

Please save on water

2433 节约用电
jiéyuē yòng diàn

提醒人们要减少电能的浪费

Please save on electricity

2436 机动车道
jīdòngchē dào

机动车行驶的道路

motorway

2445 午间新闻
wǔjiān xīnwén

中午播出的新闻

noon news

2452 无偿献血
wúcháng xiàn xiě

无报酬献出血液的地点

blood donation

2452 家政服务
jiāzhèng fúwù

为家庭事务提供的服务

domestic service

2462 工商银行
Gōngshāng Yínháng

中国工商银行股份有限公司

ICBC (Industrial and Commercial Bank of China)

2463 迎新晚会
yíng xīn wǎnhuì

为迎接新成员而举行的晚会

welcome party

2464 机场高速
jīchǎng gāosù

通往机场的高速公路

airport expressway

2520 体验中心
tǐyàn zhōngxīn

顾客购买前了解商品、服务的地方

experiencing centre

2523 行驶方向
xíngshǐ fāngxiàng

车辆行走的方向

direction

一字 One Character
二字 Two Characters
三字 Three Characters
四字 Four Characters

2532 **此面向上**
cǐ miàn xiàng shàng

这一面向上

this side up

2533 **中国石油**
Zhōngguó Shíyóu

中国石油天然气集团公司

CNPC（China National Petroleum Corporation）

2534 **中国移动**
Zhōngguó Yídòng

中国移动通信集团公司

China Mobile

2535 **中国电信**
Zhōngguó Diànxìn

中国电信集团公司

China Telecom

2544 中国邮政
Zhōngguó Yóuzhèng

中国邮政集团公司

China Post

2562 中国银行
Zhōngguó Yínháng

中国银行股份有限公司

Bank of China

2565 中国联通
Zhōngguó Liántōng

中国联合网络通信集团有限公司

China Unicom

2633 多谢合作
duō xiè hézuò

感谢对方的帮助和配合

Thanks for your cooperation

一字 One Character
二字 Two Characters
三字 Three Characters
四字 Four Characters

2685 总经理室 zǒngjīnglǐshì

总经理办公的房间

general manager's office

2715 此路不通 cǐlù bù tōng

这条路不能通行

road closed

2734 监督电话 jiāndū diànhuà

用于监督工作的电话

supervision hotline

2772 友情提示 yǒuqíng tíshì

友好的提醒

friendly tip

3001 当心火灾
dāngxīn huǒzāi

谨防失火

beware of fire

3036 当心地滑
dāngxīn dì huá

地滑，谨防摔倒

Caution! Slippery!

3053 当心爆炸
dāngxīn bàozhà

小心易燃易爆物品爆炸

beware of explosion

3073 当心触电
dāngxīn chù diàn

注意不要触电

Danger! High Voltage./Danger! Electric shock.

3120 会议中心 huìyì zhōngxīn

专门召开会议的地方

convention center; conference center

3122 油漆未干 yóuqī wèi gān

提示油漆尚未晾干，勿碰

the wet paint

3142 主办单位 zhǔbàn dānwèi

某一活动的组织单位

sponsor

3156 地下通道 dìxià tōngdào

地下人行道

subway; underpass

3178 物业管理 wùyè guǎnlǐ

居民小区内的管理机构

property management

3220 物流中心 wùliú zhōngxīn

接受并处理批量货物集中存储的地点 logistics center

3224 购买须知 gòumǎi xūzhī

卖方提供给买方的必须知道的信息

purchase guideline

3226 乘机手续 chéng jī shǒuxù

乘坐飞机前要办的手续

checking in

一字 One Character
二字 Two Characters
三字 Three Characters
四字 Four Characters

3233 生产许可 shēngchǎn xǔkě

允许商品生产的证明

production permit

3233 员工专用 yuángōng zhuānyòng

只供员工使用

staff only

3234 生产车间 shēngchǎn chējiān

专门从事商品生产的工作单位

workshop

3237 生产日期 shēngchǎn rìqī

商品出产的日期

production date

3312 危险勿近
wēixiǎn wù jìn

危险，请勿靠近

Danger!

3316 学生公寓
xuéshēng gōngyù

学生居住的公寓

student hostel

3323 使用方法
shǐyòng fāngfǎ

用商品的具体方法

method of use; usage

3323 贮存方法
zhùcún fāngfǎ

存放物品的方法

storage instructions

3326 免检产品
miǎnjiǎn chǎnpǐn

免于质量检查的产品

inspection-free product

3333 世界地图
shìjiè dìtú

描绘整个地球表面的地图

world map

3334 专用设施
zhuānyòng shèshī

专门用于某一目的的设备

special facilities

3336 生活用品
shēnghuó yòngpǐn

日常生活中的用品

living goods/everyday products

3336 消防车道
xiāofáng chēdào

火灾时供消防车通行的道路

fire lane

3354 学生宿舍
xuéshēng sùshè

供学生在校居住的房子

dormitories

3364 向右转弯
xiàng yòu zhuǎn wān

提示向右转弯

turn right

3364 向左转弯
xiàng zuǒ zhuǎn wān

提示向左转弯

turn left

3371 汽车维修
qìchē wéixiū

汽车修理和保养的地方

vehicle maintenance and repair

3392 消防器材
xiāofáng qìcái

用于救火的器材

extinguisher

3413 可回收物
kě huíshōuwù

可以再次利用的物品

recyclable

3413 住院大楼
zhùyuàn dàlóu

供病人住进医院进行治疗的楼房

in-patient building

3415 爱护花草
àihù huācǎo

爱惜、保护花草

Please cherish the flowers and grass

3420 凭证出入
píng zhèng chū rù

进出请出示有效证件

show your ID to enter

3422 送客止步
sòng kè zhǐ bù

送别客人时到这里得停下脚步

passengers only

3422 紧急出口
jǐnjí chūkǒu

紧急情况下的特别出口，用于疏散人群 emergency exit

3424 乘梯须知
chéng tī xūzhī

搭乘电梯时的注意事项

instructions on escalator use

3434 学院活动
xuéyuàn huódòng

学院组织的活动

school activities

3434 紧急电话
jǐnjí diànhuà

紧急情况下使用的电话呼叫系统

emergency call

3443 保护动物
bǎohù dòngwù

使动物安全成活，防止动物被捕杀

protect animals

3444 活动时间
huódòng shíjiān

举行某一活动的时间

activity time

3444 进港时间
jìn gǎng shíjiān

船只进入港口的时间

arrival time

3447 保护环境
bǎohù huánjìng

保护周围的世界并合理利用

protect the environment

3452 免费通行
miǎnfèi tōngxíng

人或车辆通行时不用交钱

toll free

一字 One Character
二字 Two Characters
三字 Three Characters
四字 Four Characters

3453 免费接送
miǎnfèi jiē sòng

接客人送客人时不收钱

free for pickup

3454 旅客指南
lǚkè zhǐnán

旅客旅行时所需要了解的基本情况的介绍

guide to travel

3463 免费赠送
miǎnfèi zèngsòng

不收钱，送给客人

free gift

3504 免票入场
miǎnpiào rùchǎng

不用买票就能进入某个场所

admission free

3507 注意儿童
zhùyì értóng

提醒人们注意小孩的安全

Please pay attention to children

3520 保持安静
bǎochí ānjìng

不能发出任何声响

keep quiet; keep silent

3520 注意行人
zhùyì xíngrén

提醒司机开车时留神行人安全

watch out for pedestrians

3523 注意安全
zhùyì ānquán

提醒人们留神安全

Caution!

3523 注意卫生
zhùyì wèishēng

提醒人们讲究卫生

Please pay attention to hygiene

3527 保持干燥
bǎochí gānzào

使干燥，防止受潮

keep dry

3533 注意危险
zhùyì wēixiǎn

提醒人们留神安全

Danger!

3534 热线电话
rèxiàn diànhuà

提供大众服务的电话

hotline

3535 客服热线
kèfú rèxiàn

为客人随时提供服务的电话

contact number

3535 咨询热线
zīxún rèxiàn

供顾客咨询信息的电话

hotline

3536 日常用语
rìcháng yòngyǔ

平日生活中的常用话语

daily expressions

3538 保持车距
bǎochí chējù

与前面的车保持距离

keep distance

3552 **车辆绕行**
chēliàng ràoxíng

车辆绕道行驶

detour

3561 **正常营业**
zhèngcháng yíngyè

照常营业中

Open!

3561 **注意横风**
zhùyì héngfēng

提醒驾驶员前方会有较强侧风

alert to cross wind

3564 **注意事项**
zhùyì shìxiàng

需要注意的事情的各个项目

notice

3571 车辆维修
chēliàng wéixiū

可进行汽车维护、修理

mechanical help

3623 空调开放
kōngtiáo kāifàng

提示提供空调服务

air conditioned

3636 右转车道
yòuzhuǎn chēdào

路口向右转弯的车道

right-turn lane

3652 车道封闭
chēdào fēngbì

车辆不能通行

lane closed

3736

保健食品
bǎojiàn shípǐn

保护健康的食品

health products

3842

紧握扶手
jǐn wò fúshǒu

提示握紧扶手

hold the handrail

3871

车距确认
chējù quèrèn

明确认定本车与前方车辆的距离

distance check

4034

报警电话
bàojǐng diànhuà

打给警察的求助电话

alarm call

4144 百货商场
bǎihuò shāngchǎng

department store

4144 其他垃圾
qítā lājī

除可回收垃圾、有害垃圾以外的生活垃圾 other trash besides recyclable stuffs and harmful waste

4154 急诊药房
jízhěn yàofáng

急待诊治的病人买药的药房

emergency pharmacy

4214 前方测速
qiánfāng cè sù

提示前方测试汽车行驶速度，请司机不要超速

velocity/speed measurement

一字 One Character
二字 Two Characters
三字 Three Characters
四字 Four Characters

4220 商务中心
shāngwù zhōngxīn

各种商业活动集中进行的地方

business center

4222 前方校区
qiánfāng xiàoqū

提示前方是学校区域，车辆缓速行驶

campus, please slow down

4224 男洗手间
nán xǐshǒujiān

男士的厕所

men's room；gentleman's

4230 禁止烟火
jìnzhǐ yānhuǒ

提示该处不允许燃烧任何燃烧物

no flammables

4234 投诉电话
tóusù diànhuà

顾客用于提出批评意见的电话号码

complaints hotline

4234 急救电话
jíjiù diànhuà

紧急时的呼救电话

emergency call

4236 单行车道
dān xíngchēdào

只能朝一个方向行驶的车道

single lane

4236 自行车道
zìxíngchē dào

自行车行驶的车道

cycle track

一字 One Character
二字 Two Characters
三字 Three Characters
四字 Four Characters

4243 禁止吸烟
jìnzhǐ xī yān

提示这里不允许吸烟

no smoking

4244 到达时间
dàodá shíjiān

到达目的地的时间

arrival time

4244 禁止垂钓
jìnzhǐ chuídiào

提示这里不允许钓鱼

no fishing

4244 商务酒店
shāngwù jiǔdiàn

针对商务人员服务的酒店

business hotel

4245 客户留言
kèhù liúyán

顾客留下的话语

feedback; customer message

4252 禁止攀爬
jìnzhǐ pānpá

提示这里不允许攀登

no climbing

4252 禁止通行
jìnzhǐ tōngxíng

提示这里不允许通过

no passing

4253 禁止停车
jìnzhǐ tíng chē

提示这里不允许停车

no parking

一字 One Character
二字 Two Characters
三字 Three Characters
四字 Four Characters

4255 禁止鸣笛 jìnzhǐ míng dí

提示这里不允许让汽笛发出声音

no whistling

4255 时刻查询 shíkè cháxún

交通工具行驶时刻查找询问

ask and check the departure time of vehicles

4258 禁止拍摄 jìnzhǐ pāishè

提示这里不允许拍照

no photographs

4263 禁止超车 jìnzhǐ chāo chē

提示不能超过前面的车辆

no overtaking

4264 禁止超速
jìnzhǐ chāosù

提示不能超过规定的速度

no overspeed

4271 禁止掉头
jìnzhǐ diàotóu

提示不允许车辆掉转回头

no u-turn

4281 自觉排队
zìjué pái duì

提示要遵守次序

Please line up

4320 美食中心
měishí zhōngxīn

各种美味食品集中售卖的地方

food court

一字 One Character
二字 Two Characters
三字 Three Characters
四字 Four Characters

4334 报名地址 bàomíng dìzhǐ

报名参加的地点

register address

4335 报名热线 bàomíng rèxiàn

报名参加的电话号码

registration hotline

4342 美容美发 měiróng měifà

美化皮肤和头发的地方

beauty salon

4344 报名时间 bàomíng shíjiān

报名参加的时间

application period; enrolment time

4344 **自选商场**
zìxuǎn shāngchǎng

由顾客自行挑选商品的商场

supermarket

4361 **客轮码头**
kèlún mǎtóu

供客船停靠的建筑物

passenger quay; ferry terminal

4415 **男更衣室**
nán gēngyīshì

男士更换衣服的地方

men's dressing room

4444 **离港时间**
lí gǎng shíjiān

飞机、船只离开机场、海港等的时间

departure time

4444 **自动扶梯**
zìdòng fútī

自动运行的有扶手的电梯

escalator

4462 **陡坡慢行**
dǒupō màn xíng

坡道陡直要放慢车速行驶

steep descent, slow-down

4552 **禁鸣喇叭**
jìn míng lǎba

提示严禁按喇叭

no horn

4562 **自助银行**
zìzhù yínháng

用银行卡存钱、取钱等的地方

self-service banking

4566 新闻联播
xīnwén liánbō

特指中央电视台的新闻节目

CCTV news

4655 号码查询
hàomǎ cháxún

可以提供查询电话号码的服务

number inquiry

5072 温馨提示
wēnxīn tíshì

关切地请您注意

politely suggest

5122 国内出发
guónèi chūfā

国内航班乘客候机厅

domestic departures

一字 One Character
二字 Two Characters
三字 Three Characters
四字 Four Characters

5123 音乐茶座
yīnyuè cházuò

边喝饮料边欣赏音乐的文化娱乐场所

music cafe

5132 国内抵达
guónèi dǐdá

国内航班乘客下机出口

domestic arrivals

5142 国内到达
guónèi dàodá

国内航班乘客下机出口

domestic arrivals

5146 国内航班
guónèi hángbān

飞往国内各处的航班

domestic flights

5232 **服务标兵**
fúwù biāobīng

服务工作做得好的人

service pacesetter

5232 **指示标志**
zhǐshì biāozhì

用来指示车辆和行人行走方向的标记

guide sign

5235 **服务热线**
fúwù rèxiàn

供顾客咨询或投诉的电话号码

service hotline; phone number for consulting or complaining

5261 **停止营业**
tíngzhǐ yíngyè

经营活动停止

closed/closed down

5304 特色小吃
tèsè xiǎochī

有独特风味的小吃

local snacks with special taste

5313 国际长途
guójì chángtú

打往国外的电话

international calls

5318 招生代理
zhāo shēng dàilǐ

进行招生和提供相关咨询服务的机构

enrollment counselor

5322 国际出发
guójì chūfā

国际航班乘客候机厅

international departure

5323 **周年庆典**
zhōunián qìngdiǎn

每满一年举行的庆典活动

anniversary celebration

5332 **国际抵达**
guójì dǐdá

国际航班乘客下机出口

international arrivals

5335 **停车检查**
tíng chē jiǎnchá

提示车辆停止行驶，接受检查

check point

5346 **国际航班**
guójì hángbān

飞往别的国家的航班

international flights

一字 One Character

二字 Two Characters

三字 Three Characters

四字 Four Characters

5342

国际到达
guójì dàodá

国际航班乘客下机出口

international arrivals

5422

游客止步
yóukè zhǐ bù

游玩的客人请停下脚步

no admittance

5433

通话记录
tōnghuà jìlù

打出、打入或未接通的电话记录

recent call; phone records; call history

5454

游客指南
yóukè zhǐnán

提供给游客知晓的相关信息

tips for tourists

6045 盲人按摩
mángrén ànmó

盲人作为工作者给顾客按摩

blind massage

6120 培训中心
péixùn zhōngxīn

培养和训练某一具体技能的中心

training centre

6144 培训项目
péixùn xiàngmù

所培训的具体活动类别

training item

6144 营业时间
yíngyè shíjiān

经营业务的时间

business hours

一字 One Character
二字 Two Characters
三字 Three Characters
四字 Four Characters

6173 推门请进
tuī mén qǐng jìn

提示推门可进

push

6221 联系我们
liánxì wǒmen

请与我们联系

contact us

6221 随手关门
suíshǒu guān mén

进出请顺手关门 Keep door closed./ Please close the door behind you.

6231 非饮用水
fēi yǐnyòngshuǐ

不能够直接饮用的水 nonpotable water; undrinkable water

6234 联系电话
liánxì diànhuà

与相关方面联系的电话号码

telephone number

6243 非机动车
fēi jīdòngchē

以人力或者畜力为驱动的车辆

non-motorized vehicle

6313 非诚勿扰
fēi chéng wù rǎo

没有诚意者请不要打扰 If there's no trust,please don't bother.

6333 高压危险
gāoyā wēixiǎn

提醒行人远离高压电 High voltage risk./Danger! High voltage.

一字 One Character
二字 Two Characters
三字 Three Characters
四字 Four Characters

6336 绿色食品
lǜsè shípǐn

无污染无公害的营养食品

green food

6352 售后服务
shòuhòu fúwù

商品出售以后所提供的各种服务

sales service

6356 绿色通道
lǜsè tōngdào

1. 为运输鲜活产品提供的低收费或不收费的通道 green channel
2. 没有需要交税物品的旅客使用的通道 nothing to declare
3. 经过绿化美化的公路、铁路、河渠、堤坝等 green path

6402 高速入口
gāosù rùkǒu

进入高速公路的入口

entrance ramp

6422 高速出口
gāosù chūkǒu

离开高速公路的出口

expressway exit

6432 高速打印
gāosù dǎyìn

可以提供快速打印服务

high speed printing

6452 高速复印
gāosù fùyìn

可以提供快速复印服务

high speed copying

一字 One Character
二字 Two Characters
三字 Three Characters
四字 Four Characters

6463 随到随学
suí dào suí xué

报名后立即开始学习

pick-up study

6633 经营许可
jīngyíng xǔkě

批准其营业的许可证明

business permit

6742 道路施工
dàolù shīgōng

道路正在维修保养工作中，不能正常通过

road work ahead

7123 请勿吵闹
qǐng wù chǎonào

不要吵，提示保持安静

Do not make any noise.

7133 请勿打扰
qǐng wù dǎrǎo

不要打搅，提示不接受拜访

Don't disturb.

7143 请勿吸烟
qǐng wù xīyān

不要抽烟，提示这里不允许抽烟

No smoking

7156 请勿拍照
qǐng wù pāizhào

不要拍照，提示这里不允许拍照

No photography

7158 请勿踩踏
qǐng wù cǎità

不要踩踏，提示这里不能穿行、逗留 Do not step on!

一字 One Character
二字 Two Characters
三字 Three Characters
四字 Four Characters

7177 请勿触摸 qǐng wù chùmō

不要触摸，提示只能看或提示触摸有危险

Don't touch/Dangerous

7322 谨防扒手 jǐnfáng páshǒu

小心防备偷东西的人

Beware of pickpocket

7362 建设银行 jiànshè yínháng

中国建设银行

CCB (China Construction Bank)

7512 路面不平 lùmiàn bù píng

提示路面不平，容易摔跤

Mind the bumpy road

7552 暂停服务
zàntíng fúwù

暂时停止提供服务

Temporarily out of service

7561 暂停营业
zàntíng yíngyè

暂时停止经营活动

Closed

7662 路滑慢行
lù huá màn xíng

道路滑，请慢慢走

Wet floor, please walk slowly

8134 最低消费
zuìdī xiāofèi

顾客在餐饮、娱乐场所等至少要用去的钱 minimum charge of banquet

8144 **最低限速**
zuìdī xiànsù

车辆行驶的最低速度

minimum speed

数字与汉字
——一种外国人查找汉字词的新方法
Numbers and Characters
—a new way of looking up Chinese characters for foreigners

鲁波　　　　史方园
Lu Bo and Shi Fangyuan

改革开放以来，到中国来的外国人一天比一天多。五湖四海的朋友来中国后，常常会有这样一种感觉：无论是走到哪个城市，大多数情况下都处于汉字包围中。一眼望去，广告牌、指示牌以及引导标示上的汉字就会扑面而来，让人应接不暇。一个从来没有学过汉字的外国人，置身在这样繁荣的汉字生态中，如果一看到这些汉字，就能够很容易地及时获取这些汉字的意义，那么他们在中国旅游、学习和生活会更加方便。

Since the reform and opening-up, more and more foreigners come to China. When foreigners of different countries come here, they often have such a feeling: whatever city they go to, they are always surrounded by Chinese characters, for example, on billboards and signs. In this situation, if they can understand the meaning of these characters without difficulty, even though they have never learned Chinese characters, it will bring great convenience to their travel, study and life.

这并不是不可能的。因为，汉字是表意体系的文字，个体的汉字自身通常都有字义；一个个的汉字在表达较为复杂的意思而组合在一起的时候，主要靠次序和虚词（在广告牌、指示牌以及引导标示等中则主要靠次序）。事实也证明了这一点。在繁荣的汉字生态中，存在着大量形式较为固定、意义专指的高频字或字组。如在商场、商店门口具有提示作用的“拉”、“推”等字，标示路名、街道名等的“××路”、“××街”以及旅游景点常出现的“请勿拍照”、“谨防扒手”等警示语。在特定的语境制约下，它们的意义也是特指的，例如出现在房门上的“拉”就只有“扯动”的意思而没有“说话（拉家常）”、“邀请（拉我参加）”等意思；“推”就只有“用力使前移”的意思而没有“推举（推他做代表）”、“推广（推普）”等意思。同时，虽然外国人无法像识读本族书面语一样，去把握汉语书面语中的字和字组的区别，但是汉语书面语中每个字之间的界限是明显的，即他们可以很容易数清字数。如果一本工具书的条目能够通过字数进行分类，就很好的避开了外国人查找辞书中需要辨别汉语书面语中字和词的界限这一难点。例如：垃圾桶上的“可回收物”，外国人可能会查“可回”，然后“收物”，最后得到的结果当然是令他一头雾水。而使用“汉字1234”时，则只需数清这个字组为4个字，然后在四字类的条目中查找即可。

This is not impossible. Chinese characters are ideographic and each character has its meaning. Besides, sequencing and function words play an important role in expressing a relatively complex meaning, such as on billboards and signs, where sequencing is of more importance. This has been proved to be true in the daily life. In the prosperous Chinese character system, there are a lot of commonly used words and phrases, which have fixed semantic form and specified meaning. For example, there are “拉” and “推” at the entrance of stores and shopping malls, which have the meaning of “pull” and “push” respectively. “× × 路” and “×

×街” indicate street names. And there are “请勿拍照”（No photography）and “谨防扒手” (Beware of pickpocket) and other warnings in tourist attractions. These words and phrases have particular meaning in particular contexts. For instance, the “拉” on the door only has the meaning of “pull” and doesn’t mean “chat”, such as in “拉家常”（chit-chat）or “invite” in “拉我参加（invite me to take part in）. The “推” only has the meaning of “push”, not the meaning of “elect”, for example in “推他作代表”（elect him as representative）or “popularize” in “推普”（popularize Putonghua）. What’s more, it’s difficult for foreigners to identify the difference between characters and phrases in Chinese written language, in which the boundaries of each character is obvious. That means they can easily count the number of characters. If the items of a reference book can be classified by the number of characters, the difficulty of identifying the boundaries of characters and words in Chinese written language can be avoided. For example, we often see “可回收物” on trash cans. Foreigners might look up “可回” and “收物”, and then feel confused. In this book, they simply need to count the number of characters in “可回收物”, then find the word in the four-character category.

为此，通过观察外国人在中国学习、生活、旅游遇到的汉字生态的种种表现，《汉字1234》的编者搜集了近千组常用字、字组。通过字数分类后，在每个大类下，以我们常人均可辨别的汉字中“一”（横）的数量进行升序的排列。“一”这样的平行于水平视线的线段，是一般人可以轻松辨认的。

这种依据普世的观念为准则，而非根据汉字其特有的笔画形态来考量的设计理念，解决了外国人识读汉字的困难，更为字典的查阅提供了极大的便利。所以，携带这样一部字典，无论走到何处，随手一翻，就可以通过数字查到汉字，很快了解到他所看到的那个或那组汉字的意义。

For this purpose, by observing the foreigners' reaction of encountering Chinese character ecosystem while studying, living and traveling in China, the compiler of "Chinese 1234" collected almost one thousand of commonly used words and phrases. The dictionary is classified by the number of words in each category, then by the number of the Chinese stroke "一" (horizontal) in each character in ascending order. Because the horizontal stroke "一" is recognizable by everyone and the identification of different strokes of Chinese characters is rather difficult, the dictionary provides a great convenience to foreigners when they look up words. Therefore, wherever they go, carrying such a dictionary, they can quickly get the meaning of Chinese characters they encounter.

图书在版编目（CIP）数据

汉字1234：汉英对照 / 韩丽丹等编著.

北京：外文出版社，2012年（语言服务迷你系列）

ISBN 978-7-119-07356-9

I.①汉... II.①韩... III.①汉字－对外汉语教学－自学参考资料 IV.① H195.4

中国版本图书馆CIP数据核字（2012）第127024号

选题策划 曲 径
责任编辑 孙乙鑫 曲 径
装帧设计 腾昭欣
印刷监制 冯 浩

汉字1234

作 者 韩丽丹 主编

出版发行 外文出版社有限责任公司
地 址 中国北京西城区百万庄大街24号
邮政编码 100037
网 址 http://www.flp.com.cn
电子邮箱 flp@cipg.org.cn
电 话 008610-68320579（总编室）
008610-68327750（版权部）
008610-68995852（发行部）
008610-68996075（编辑部）
印 刷 北京和谐彩色印刷有限公司
经 销 新华书店 / 外文书店
开 本 787mm × 1092mm 1/48
印 张 5
版 次 2012年8月 第1版 第1次印刷
书 号 ISBN 978-7-119-07356-9
定 价 04800 （汉英）